山东省地方标准

环保稳定型胶粉改性沥青及混合料施工技术规程

Technical code for construction of environmental-friendly stable ground rubber modified asphalt and asphalt mixtures

DB37/T 4382—2021

主编单位：烟台市公路事业发展中心
　　　　　烟台公路材料保障中心
　　　　　山东建筑大学
　　　　　山东润兴成公路工程服务有限公司
　　　　　山东润兴成筑路材料研发中心
　　　　　山东路通道路材料有限公司
批准部门：山东省市场监督管理局
实施日期：2021 年 08 月 09 日

人民交通出版社股份有限公司
北京

图书在版编目(CIP)数据

环保稳定型胶粉改性沥青及混合料施工技术规程：DB37/T 4382—2021 / 烟台市公路事业发展中心等主编. — 北京：人民交通出版社股份有限公司，2021.8
ISBN 978-7-114-17540-4

Ⅰ.①环… Ⅱ.①烟… Ⅲ.①改性沥青—沥青拌和料—路面施工—技术规范 Ⅳ.①U416.217-65

中国版本图书馆CIP数据核字(2021)第151262号

标准名称：	环保稳定型胶粉改性沥青及混合料施工技术规程
标准编号：	DB37/T 4382—2021
主编单位：	烟台市公路事业发展中心
	烟台公路材料保障中心
	山东建筑大学
	山东润兴成公路工程服务有限公司
	山东润兴成筑路材料研发中心
	山东路通道路材料有限公司
责任编辑：	潘艳霞
责任校对：	孙国靖　卢　弦
责任印制：	张　凯
出版发行：	人民交通出版社股份有限公司
地　　址：	(100011)北京市朝阳区安定门外外馆斜街3号
网　　址：	http://www.ccpcl.com.cn
销售电话：	(010)59757973
总 经 销：	人民交通出版社股份有限公司发行部
经　　销：	各地新华书店
印　　刷：	北京市密东印刷有限公司
开　　本：	880×1230　1/16
印　　张：	0.75
字　　数：	16千
版　　次：	2021年8月　第1版
印　　次：	2021年8月　第1次印刷
书　　号：	ISBN 978-7-114-17540-4
定　　价：	20.00元

(有印刷、装订质量问题的图书，由本公司负责调换)

目　次

前言 II
1 范围 1
2 规范性引用文件 1
3 术语和定义 1
4 符号和缩略语 2
　4.1 符号 2
　4.2 缩略语 2
5 材料要求 2
　5.1 基质沥青 2
　5.2 胶粉改性剂 2
　5.3 净味剂 3
　5.4 环保稳定型胶粉改性沥青 3
　5.5 其他材料 4
6 沥青混合料 4
　6.1 一般规定 4
　6.2 配合比设计 5
　6.3 配合比设计结果检验 6
7 施工 6
　7.1 一般规定 6
　7.2 拌和 7
　7.3 运输 7
　7.4 摊铺 7
　7.5 压实及成型 7
　7.6 接缝处理 8
　7.7 开放交通及其他 8
8 施工质量管理与检查验收 8

前 言

本文件按照GB/T 1.1—2020《标准化工作导则 第1部分:标准化文件的结构和起草规则》的规定起草。

请注意本文件的某些内容可能涉及专利。本文件的发布机构不承担识别专利的责任。

本文件由山东省交通运输厅提出、归口并组织实施。

本文件起草单位:烟台市公路事业发展中心、烟台公路材料保障中心、山东建筑大学、山东润兴成公路工程服务有限公司、山东润兴成筑路材料研发中心、山东路通道路材料有限公司。

本文件主要起草人:林大军、孙海明、任瑞波、吕世宽、杨杰、曲建涛、郭兆军、徐强、王立志、赵品晖、耿立涛。

环保稳定型胶粉改性沥青及混合料施工技术规程

1 范围

本文件规定了环保稳定型胶粉改性沥青及混合料施工技术的术语和定义、材料要求、混合料设计和性能要求、施工工艺、施工质量管理与检查验收。

本文件适用于采用环保稳定型胶粉改性沥青混合料铺筑的各等级公路和城市道路沥青路面工程。

2 规范性引用文件

下列文件中的内容通过文中的规范性引用而构成本文件必不可少的条款。其中，注日期的引用文件，仅该日期对应的版本适用于本文件；不注日期的引用文件，其最新版本（包括所有的修改单）适用于本文件。

GB/T 1232.1 未硫化橡胶 用圆盘剪切黏度计进行测定 第1部分：门尼黏度的测定
GB/T 3516 橡胶 溶剂抽出物的测定
GB/T 4498.1 橡胶 灰分的测定 第1部分：马弗炉法
GB/T 14675 空气质量 恶臭的测定 三点比较式臭袋法
GB/T 14837.1 橡胶和橡胶制品 热重分析法测定硫化胶和未硫化胶的成分 第1部分：丁二烯橡胶、乙烯-丙烯二元和三元共聚物、异丁烯-异戊二烯橡胶、异戊二烯橡胶、苯乙烯-丁二烯橡胶
HJ 57 固定污染源废气 二氧化硫的测定 定电位电解法
JT/T 533 沥青路面用纤维
JT/T 797 路用废胎橡胶粉
JTG D50 公路沥青路面设计规范
JTG E20 公路工程沥青及沥青混合料试验规程
JTG/T F20 公路路面基层施工技术细则
JTG F40 公路沥青路面施工技术规范
JTG F80/1 公路工程质量检验评定标准 第一册 土建工程
DB37/T 1161 大粒径透水性沥青混合料应用技术规程
《空气和废气监测分析方法》（第四版）

3 术语和定义

下列术语和定义适用于本文件。

3.1
胶粉改性剂 ground rubber modifier
由废轮胎经过粉碎和磨细得到，并达到一定细度规格，用于改善沥青材料性能的轮胎胶粉的统称。

3.2
净味剂 flavoring agent
添加到沥青中，能够减少沥青烟气排放，降低有害、臭味气体浓度的外加剂。

3.3
环保稳定型胶粉改性沥青 environmental-friendly stable ground rubber modified asphalt

采用脱硫胶粉改性剂或添加净味剂，经过机械剪切或研磨，使胶粉在沥青中均匀分散并溶胀，得到的满足存储稳定性和环保性相关技术要求的改性沥青。

4 符号和缩略语

4.1 符号

下列符号适用于本文件。
AC：密级配沥青混凝土混合料。
ATB：密级配沥青稳定碎石混合料。
LSPM：大粒径透水性沥青混合料。
MS：马歇尔稳定度。

4.2 缩略语

下列缩略语适用于本文件。
PG：沥青材料基于路用性能分级标准的规格（Performance Graded）。
SMA：沥青玛碲脂碎石混合料（Stone Matrix Asphalt）。
VCA：粗集料骨架间隙率（Percent Air Voids in Coarse Aggregate）。
VFA：压实沥青混合料中的沥青饱和度，即试件矿料间隙中扣除被集料吸收的沥青以外的有效沥青结合料部分体积占矿料间隙体积的百分率（Voids Filled with Asphalt）。
VMA：压实沥青混合料的矿料间隙率，即试件全部矿料部分以外的体积占试件总体积的百分率（Voids in Mineral Aggregate）。
VV：压实沥青混合料的空隙率，即矿料及沥青以外的空隙（不包括矿料自身内部的孔隙）体积占试件总体积的百分率（Volume of Air Voids）。

5 材料要求

5.1 基质沥青

基质沥青技术指标应符合 JTG F40 的规定，宜采用 70 号 A 级道路石油沥青。

5.2 胶粉改性剂

5.2.1 胶粉改性剂宜采用常温磨碎或粒化加工而成、细度规格为 30 目～60 目的橡胶粉颗粒。
5.2.2 胶粉改性剂的物理性能要求见表 1，检测方法按照 JT/T 797 的规定执行。

表 1 胶粉改性剂物理性能要求

性能	筛余物（%）	相对密度	含水率（%）	铁含量（%）	纤维含量（%）
指标要求	<10	1.10～1.30	<1	<0.03	<1

5.2.3 胶粉改性剂的化学性能要求见表 2。

表 2 胶粉改性剂化学性能要求

性　能	指标要求（%）	检测方法
灰分	≤8	GB/T 4498.1
丙酮抽出物	≤16	GB/T 3516
炭黑含量	≥28	GB/T 14837.1
橡胶烃含量	≥48	GB/T 14837.1
溶解度	≥16	JT/T 797

5.2.4 脱硫处理后胶粉改性剂的门尼黏度不宜大于 60[ML(1+4)100℃]，检测方法按 GB/T 1232.1 规定执行。

5.2.5 胶粉改性剂应储存在通风、干燥的环境中，并采取防火、防潮措施。

5.3 净味剂

当采用添加净味剂方式实现环保稳定型胶粉改性沥青的环保性指标时，宜选用能够满足表 3 技术要求的净味剂种类。

5.4 环保稳定型胶粉改性沥青

5.4.1 环保稳定型胶粉改性沥青中的胶粉改性剂掺量不宜少于基质沥青质量的 20%。

5.4.2 环保稳定型胶粉改性沥青应采用胶体磨或高速剪切混融法进行生产，通过试验确定生产工艺和参数。

5.4.3 环保稳定型胶粉改性沥青应控制沥青烟气中主要有害气体排放浓度和臭气浓度，技术要求应符合表 3 的规定，采样位置、采样点及频次按照表 3 中检测方法的规定执行。

表 3 环保稳定型胶粉改性沥青有害和臭味气体排放标准

检测项目	单位	技术要求	检测方法
二氧化硫浓度	mg/m³	≤15	HJ 57
硫化氢浓度	mg/m³	≤0.8	《空气和废气监测分析方法》（第四版）"第五篇 第四章 硫化氢 （三）亚甲基蓝分光光度法（B）"
臭气浓度	—	≤800	GB/T 14675

5.4.4 环保稳定型胶粉改性沥青技术要求应符合表 4 的规定。

表 4 环保稳定型胶粉改性沥青技术要求

检测项目		单位	技术要求	检测方法
针入度(25℃,100g,5s)		0.1mm	40~60	JTG E20 T 0604
延度(5℃,5cm/min)		cm	≥10	JTG E20 T 0605
软化点($T_{R\&B}$)		℃	≥60	JTG E20 T 0606
动力黏度(60℃)		Pa·s	≥5000	JTG E20 T 0620
表观黏度(175℃)		Pa·s	1.0~3.0	JTG E20 T 0625
弹性恢复(25℃)		%	≥70	JTG E20 T 0662
储存稳定性离析(软化点差)		℃	<5.0	JTG E20 T 0661
薄膜加热试验或旋转薄膜加热试验后	质量变化	%	-1~+1	JTG E20 T 0609
	针入度比(25℃,100g,5s)	%	≥70	JTG E20 T 0604
	延度(5℃,5cm/min)	cm	≥5	JTG E20 T 0605
注:环保稳定型胶粉改性沥青满足PG76-28要求,检测方法执行JTG E20。				

5.5 其他材料

5.5.1 环保稳定型胶粉改性沥青混合料所使用的粗集料、细集料、填料应符合 JTG F40 的规定。

5.5.2 LSPM 混合料的填料也可采用干燥的Ⅲ级钙质消石灰粉或生石灰粉,技术要求应符合 JTG/T F20 的规定。

5.5.3 纤维稳定剂技术要求应符合 JT/T 533 的规定。

6 沥青混合料

6.1 一般规定

6.1.1 环保稳定型胶粉改性沥青混合料常用类型及规格见表5。

表 5 环保稳定型胶粉改性沥青混合料常用类型与规格

混合料类型	沥青混凝土	沥青稳定碎石	沥青玛蹄脂碎石	大粒径透水性沥青混合料	公称最大粒径（mm）	最大粒径（mm）
粗粒式	—	ATB30	—	LSPM30	31.5	37.5
	AC25	ATB25	—	LSPM25	26.5	31.5
中粒式	AC20	—	SMA20	—	19	26.5
	AC16	—	SMA16	—	16	19
细粒式	AC13	—	SMA13	—	13.2	16
	AC10	—	SMA10	—	9.5	13.2
砂粒式	AC5	—	SMA5	—	4.75	9.5

6.1.2 沥青混合料规格的选用应符合 JTG D50 的要求,遵循集料公称最大粒径应与压实层厚度相匹配的原则。

6.2 配合比设计

6.2.1 环保稳定型沥青混合料的矿料级配应在 JTG F40 或 DB37/T 1161 推荐的级配范围内,SMA5 沥青混合料的矿料级配范围见表6。

表6 SMA5 沥青混合料矿料级配范围

级配范围	对应下列筛孔(mm)的通过质量百分率(%)							
	9.5	4.75	2.36	1.18	0.6	0.3	0.15	0.075
级配上限	100	100	65	36	28	22	18	15
级配下限	100	90	28	22	18	15	13	12

6.2.2 本文件推荐采用马歇尔设计法进行沥青混合料配合比设计。当采用其他方法进行设计时,应进行马歇尔试验验证,并报告不同设计方法的试验结果。

6.2.3 配合比设计过程应根据沥青混合料类型,按照 JTG F40 或 DB37/T 1161 的有关规定执行。

6.2.4 实验室内沥青混合料的制备及试件成型温度宜符合表7的要求。

表7 环保稳定型胶粉改性沥青混合料试件制作温度 单位为摄氏度

工 序	温度要求
沥青加热	170~180
矿料加热	185~195
混合料拌和	170~180
混合料成型	165~175

6.2.5 AC、ATB 沥青混合料的马歇尔试验技术标准应符合 JTG F40 的规定,LSPM 沥青混合料马歇尔试验技术指标应符合 DB37/T 1161 的规定。

6.2.6 SMA 沥青混合料马歇尔试验技术要求应符合表8的规定。

表8 SMA 沥青混合料马歇尔试验技术标准

试验项目及指标	单位	技术要求		试验方法
		重交通及以上荷载等级	中等交通及以下荷载等级	
试件尺寸	mm	$\phi 101.6 \times 63.5$		JTG E20 T 0702
击实次数(双面)	次	75	50	JTG E20 T 0702
空隙率 VV	%	3~4.5	3~4	JTG E20 T 0705
矿料间隙率 VMA	%	≥ 16.5	≥ 17	JTG E20 T 0705
粗集料骨架间隙率 VCA_{mix}^a	%	≤ VCA_{DRC}		JTG E20 T 0705

表 8 SMA 沥青混合料马歇尔试验技术标准(续)

试验项目及指标	单位	技术要求		试验方法
		重交通及以上荷载等级	中等交通及以下荷载等级	
沥青饱和度 VFA	%	70~85	75~85	JTG E20 T 0705
马歇尔稳定度 MS	kN	≥6.0		JTG E20 T 0709
谢伦堡沥青析漏试验结合料损失	%	≤0.1		JTG E20 T 0732
肯塔堡飞散试验混合料损失或浸水飞散试验	%	≤15		JTG E20 T 0733
a 试验粗集料骨架间隙率 VCA 的关键性筛孔,对 SMA20、SMA16 是指 4.75mm,对 SMA13、SMA10 是指 2.36mm。				

6.3 配合比设计结果检验

6.3.1 AC、SMA 沥青混合料应在配合比设计结果基础上,按照 JTG E20 中的试验方法检验高温稳定性、水稳定性和低温抗裂性,结果应符合表 9 的规定。

表 9 环保稳定型胶粉改性沥青混合料性能技术要求

技术性能		技术指标	单位	技术要求	试验方法
高温稳定性	密级配沥青混凝土 AC	动稳定度	次/mm	≥3000	JTG E20 T 0719
	沥青玛琋脂碎石混合料 SMA			≥3500	
水稳定性		冻融劈裂试验的残留强度比	%	≥80	JTG E20 T 0729
低温抗裂性		低温弯曲试验破坏应变	με	≥2500	JTG E20 T 0715

6.3.2 SMA 沥青混合料和公称最大粒径小于或等于 19mm 的 AC 沥青混凝土宜利用成型的车辙试件,脱模架起进行渗水试验,结果应符合 JTG F40 的规定。

7 施工

7.1 一般规定

7.1.1 环保稳定型胶粉改性沥青混合料的施工准备应按照 JTG F40 的规定执行。

7.1.2 环保稳定型胶粉改性沥青混合料的施工温度根据实践经验并参照表 10 选择,路面温度低于 10℃、气温低于 15℃ 或寒冷季节遇大风降温天气不得进行施工。

表 10 环保稳定型胶粉改性沥青混合料施工温度   单位为摄氏度

施工工序	对应混合料类型的施工温度	
	AC、ATB、LSPM	SMA
沥青加热温度	170~180	
集料加热温度	190~200	200~220
出料温度	170~180	180~190

表 10 环保稳定型胶粉改性沥青混合料施工温度(续)

施工工序	对应混合料类型的施工温度	
	AC、ATB、LSPM	SMA
废弃温度	≥195	
混合料储料仓降温	≤10	
混合料摊铺温度	≥160	≥170
开始碾压混合料内部温度	≥150	≥160
碾压结束的路表温度	≥90	
开放交通温度	≤50	

7.2 拌和

7.2.1 环保稳定型胶粉改性沥青混合料宜采用间歇式拌和机拌制。

7.2.2 烘干集料的残余含水率不大于0.5%。

7.2.3 环保稳定型胶粉改性沥青混合料的其他拌制要求应按照JTG F40的规定执行。

7.3 运输

7.3.1 运料车装料时,应按照前、后、中的顺序来回挪动料车位置,平衡装料,以减少混合料离析。

7.3.2 运料车运输混合料时应用苫布覆盖等适当方式保温、防雨、防污染。

7.3.3 运料车到达工地后,应由专人逐车检测温度,检测结果应满足表10的要求。

7.3.4 环保稳定型胶粉改性沥青混合料的其他运输要求应按照JTG F40的规定执行。

7.4 摊铺

7.4.1 环保稳定型胶粉改性沥青混合料应采用摊铺机摊铺,尽量避免在摊铺面进行人工补料等操作。

7.4.2 摊铺机开工前应提前0.5h~1h预热熨平板至不低于120℃。

7.4.3 环保稳定型胶粉改性沥青混合料的现场摊铺温度应满足表10的要求。

7.4.4 摊铺速度应根据混合料类型、摊铺层厚度、宽度等进行调整,并与混合料供应能力保持相对稳定,最大速度不宜超过3m/min。

7.4.5 环保稳定型胶粉改性沥青混合料的其他摊铺要求应按照JTG F40的规定执行。

7.5 压实及成型

7.5.1 环保稳定型胶粉改性沥青混合料路面施工配备的压路机数量应与摊铺能力相匹配。施工气温低、风大、碾压层薄时,压路机数量应适当增加。

7.5.2 环保稳定型胶粉改性沥青混合料的碾压应符合表10的要求,并遵循"紧跟、慢压、高频、低幅"的原则。

7.5.3 压路机应以慢而均匀的速度碾压,并符合表11的要求。

表 11 压路机碾压速度　　　　　　　　　　　　　　　　　　　　　单位为千米每小时

压路机类型	初压		复压		终压	
	适宜	最大	适宜	最大	适宜	最大
钢轮压路机	2~3	3	3~4	4.5	3~6	6
	振动或静压		振动（SMA采用）		静压	
胶轮压路机	—		3~4	4	—	

7.5.4 其他压实要求应按照 JTG F40 的规定执行。

7.6 接缝处理

环保稳定型胶粉改性沥青混合料路面的施工接缝按照 JTG F40 的规定执行。

7.7 开放交通及其他

施工完成的环保稳定型胶粉改性沥青混合料路面开放交通及其他要求按照 JTG F40 的规定执行。

8 施工质量管理与检查验收

环保稳定型胶粉改性沥青混合料路面施工质量与检查验收，按照 JTG F40 和 JTG F80/1 的相关规定执行。